Storytelling:

¿Como contar buenas historias para vender?

Storytelling:

¿Cómo contar buenas historias para vender?

Aprende las claves del Storytelling, cautiva a tu audiencia y genera más ventas

Daniela Fiori Lehr

Reservados todos los derechos, queda prohibida bajo las sanciones establecidas en las leyes la reproducción parcial o total de esta obra por cualquier medio o procedimiento.

1era edición mayo 2020 by Daniela Fiori Lehr
ISBN: 9798650598305
Editado por Sales Talent Readers
www.salestalentacademyweb.com
info@salestalentacademyweb.com

El papel utilizado para la impresión de este libro es cien por cien libre de cloro y está calificado como papel ecológico.

Para Luca, Stefano y Alejandro que hacen que mis días tengan sentido.

ÍNDICE

Sobre la autora 8

Introducción 9

Capítulo 1 - Reglas del Storytelling 12

Capítulo 2 - Claves para hacer que tu Storytelling sea efectivo y cautive 17

Capítulo 3 - Claves del Storytelling en el Marketing 22

Capítulo 4 - Como contar la historia de tu marca 26

Capítulo 5 - Cómo desarrollar tu relato de marca (o Brand Story) paso a paso 31

Capítulo 6 - Si tengo un negocio, ¿necesito Storytelling? 40

Capítulo 7 - Storytelling: ¿Qué relato contar como marca? 44

Capítulo 8 – Profundicemos sobre el Visual Storytelling? 52

Capítulo 9 - Como diseñar tu estrategia de Storytelling en 5 pasos 67

Capítulo 10 - Storytelling para tus ventas 70

Conclusión 74

Sobre la autora

Daniela Fiori Lehr es Licenciada en Ciencias empresariales, y Retail & Sales Coach profesional, además de Coach Ejecutivo. Estudio Psicología Positiva en la Universidad de Pennsylvania y Neuromarketing y Neurociencia en la Copenhagen Business School, también es PNL & Mindfulness Master Practitioner.

Se formó con los mejores profesionales sobre el poder de la mente y las emociones, y es autora de varios libros de Desarrollo personal, Ventas y Coaching.

La finalidad de este libro es explicar cómo trabajar tu Storytelling en todas sus formas para que puedas generar más ventas.

¿Estas listo?
¡Esperamos que este libro te sea de ayuda!

Introducción

Que es el Storytelling?

El storytelling es contar historias que los demás quieran escuchar.
Contar una historia, o hacer storytelling es llevar de la mano a las personas a lugares donde no han ido, es invitarlos a que imaginen que pueden participar y ser protagonistas de un cuento en donde aunque no vas a inventar el tema, lo vas a contar de tal forma que otros quieran seguir escuchando, que se sientan con el contagio de saber que más vas a decir, y como pueden participar en esta historia.

Hoy en día ya no es opción pararte frente a un documento y leerlo, no es opción solo recitar los números de tus extensos informes, o verte frio hablando sobre el último report, hoy en día se trata de hacer storytelling, como cuentas estas historias, como cuento yo un tema y hago que otros se sientan motivados a querer seguir escuchando.

Contar una historia no tiene que ser necesariamente algo que inventes, puede ser algo relacionado con tu tema o la historia de otra persona, puede ser una historia tuya sobre como superaste una adversidad, como superaste obstáculos y que lleven al cliente potencial a entender que podrían hacer para que a ellos no les pase lo mismo que a ti. Si estas frente a una audiencia a la que quieres invitar a participar en tu proyecto, la clave está en como cuentas paso a paso el lugar por donde los vas a llevar para que ellos sientan que tienen que ser partícipes de este nuevo proyecto. Puedes contar historias de otras marcas, a todo el mundo le gusta escuchar historias de marcas que han tenido protagonismo en el tiempo y que empezaron desde cero.

Contar una buena historia contagia, motiva, persuade, influye a otros a que quieran escucharte y quieran participar, cuando tú haces una presentación lo que quieres es que el otro te siga, lo que quieres es informar al otro de que lo que tu estas diciendo es lo que les interesa a ellos, crearlo de forma personal, haciéndolo como una conversación de la forma más creativa en que lo puedas hacer.

Hoy no puedes quedarte atrás, tienes que utilizar el storytelling y contar historias de forma creativa en tus presentaciones.

El storytelling es más que el arte de contar una historia, es la creación y aprovechamiento de una atmosfera mágica a través del relato. En marketing es una técnica que consiste en conectar con los usuarios ya sea a viva voz, por escrito o a través de una historia con su personaje y trama.

Esta capacidad de contar historias, así como el arte que va asociado a esta, es de las más antiguas que existe y permite conectar emocionalmente a través de una historia, puesto que el público se identifica fácilmente con una historia de lucha o perseverancia bien contada, lo cual es el uso más frecuente de esta estrategia.

El storytelling siempre ha sido una técnica muy utilizada en el marketing tradicional y ahora que la comunicación con el público es online se adapta perfectamente a este medio, demostrando que también a través de internet podemos apelar al lado emocional de las personas generando así la relación de fidelidad que todas las marcas buscan. Las historias de cómo empezó una empresa, cual fue el sueño que la motivo, como logro superar las adversidades para sacar adelante un producto o servicio, son formas en que una empresa puede hacer uso del storytelling en los negocios.

Una buena historia crea una emoción positiva que inspira a la gente a tomar una acción, del mismo modo la historia de una marca debe desencadenar una emoción que inspire en el cliente a invertir en la idea, o contratar tus servicios, cuando cuenta su historia muestra sus valores, sus virtudes y su humanidad, se trabaja constantemente para conseguir una conexión autentica y humana y poco a poco ganar su confianza.

Capítulo 1 - Reglas del Storytelling

El storytelling es contar historias, pero no solo del pasado u otros tiempos. Se trata de contar historias que nos ocurren a nosotros, contarlas de una forma atractiva, captando el interés y la atención de las personas que nos están escuchando.
El storytelling podríamos decir que tiene que ver con la oratoria, pero no es oratoria en sí, el storytelling se basa en contar historias desde lo más auténtico que podamos ser.

Debemos inspirar a las personas que nos escuchan, inspirándolas desde nuestro liderazgo y con nuestras historias. Es importante adquirir herramientas y estrategias para contar aquello que queremos contar de una forma efectiva.
Contar historias significa generar y transmitir emociones y que nuestro público también pueda emocionarse con lo que les estamos contando.

Los puntos más importante para tener en cuenta son:

Involúcrate en tu viaje interior.
Esta regla implica hacer un trabajo de autoconocimiento, para conocerte y explorarte y descubrir todas aquellas historias que tienes dentro, para esto hay que comprometerse con el camino de autoconocimiento que todos tenemos la responsabilidad de explorar y llegar hasta el lugar más profundo para conocernos y que este conocimiento nos permita trascender nuestros propios límites y obstáculos.

Crea una historia autentica.
La historia que contaremos ha de ser real, puede ser un evento de nuestro pasado, o ser la historia de alguien cercano. Para qué? Para ser congruentes con lo que estamos contando. Si contamos historias como nuestras y no lo son, antes o después esta incongruencia quedara al descubierto. Lo recomendable es poder explorar en nuestro propio pasado (propio o familiar) para poder extraer historias con contenido, conceptos, ideología que podamos transmitir de forma efectiva a la hora de comunicar lo que queremos transmitir a nuestro público. Es importante recurrir a la pasión y las imágenes fuertes que todos tenemos en nuestra mente en base a nuestra propia historia y nuestra experiencia y esa imagen que está en nuestra mente, transmitirla y contarla de la mejor manera posible.

Storytelling de ficción.

Son los storytelling de una historia inventada, al finalizar del relato de nuestra historia debemos decir que se trató de una historia de ficción, que no fue real, y que fue creada para un propósito concreto u objetivo.

Los storytelling de ficción sirven para cuando queremos adecuar una situación y hacer una especie de metáfora y no encontramos una historia real o prestada que se adapte a nuestro objetivo. La efectividad de nuestra técnica va a depender de que tan relacionada este la historia con el objetivo que tu estas planteando en tu relato.

Involucrar a las personas que te están escuchando.
Involucra a las personas que están contigo en la presentación. La clave es utilizar herramientas para involucrar al público y que se sienta parte de nuestra historia, cuando busquemos ejemplos puntuales, tratemos de que esos ejemplos se adapten al público al que le estamos hablando.

Se tú mismo.
Lo recomendable es ser lo más auténtico que puedas ser. No fingir un personaje, o contar desde un lugar que nada tiene que ver con quienes somos realmente nosotros, sino más bien transmitir la imagen que queremos dar, esas imágenes se van cayendo cuando vamos contando lo que queremos contar, el público puede percibir movimientos, tonos, lenguaje de la voz, que comunican más allá de lo que nosotros estamos contando, aquí la clave es ser nosotros mismos y no fingir que somos otro.

Para esto es necesario practicar y practicar, desde nosotros mismos en cada oportunidad que tenemos de hablar y contar estas historias.

Proyecta tus ideas.
Mas allá de lo que nosotros tenemos que contar en este fantástico viaje de storytelling, la idea en este punto es que seamos capaces de proyectar más allá de las palabras, que utilicemos en nuestro relato: los tonos, las imágenes, la energía, nuestro propio viaje interior, y que con todo esto proyectemos estas ideas que nosotros queremos comunicar y transmitir con nuestras historias.

Personaliza tus historias.
Cada historia que vamos a contar tiene que describir a alguien, puede ser a ti mismo, otra persona que conozcas, una historia de tu familia. Lo primero al contar estas historias es dejar claro quién es la persona que va a ser la protagonista de la historia, si los espectadores no tienen claro en su mente y no han escuchado quien es el protagonista, no van a poder seguir la historia, por lo tanto, nos corresponde a nosotros que somos quienes vamos a contar la historia el personalizar cada una de las partes para que nuestro público pueda interpretar de la forma en que nosotros lo estamos buscando.
Debemos ser humildes al hablar, y hacerlo de forma personal es extremadamente eficaz.

Simplifica tus historias.
Esto significa que nosotros tenemos que narrar y mantener la historia de la forma más simple que podamos.
Para qué? Para que los espectadores no se pierdan en el recorrido al contar esta historia.

Cuanto más simple y corta mejor. Tengamos en claro previamente cual es el concepto primordial que vamos a transmitir con nuestra historia, y ese concepto transmitámoslo después de la manera más simple, corta y eficaz.

En resumen: como saber si tu Storytelling será exitoso?

Primero; tienes que buscar cual es el mensaje que quieres transmitir. Que quieres que pase en esa audiencia y cuál será el llamado a la acción. Recuerda que estas contando una historia que también venda, pero sin vender.
El desenlace de esa historia tiene que mover a tu público a tomar una decisión, en función de lo que escucharon.

La historia que cuentas tiene que venir de la honestidad, debe tener un objetivo específico y claro dentro de la audiencia. Nunca debe ser para vanagloriarse porque caes en el error de parecer egocéntrico.
Tu relato debe ser para conversar con las personas con verdadera autenticidad, para proponer tu punto de vista o tu historia de lo que ocurrió y nunca para proclamar verdades, al final siempre será tu verdad, porque hablas sobre tu realidad, sobre tu historia, sobre algo que te ocurrió y eso es irrefutable.

Te invito a que refresques tus discursos y presentaciones comerciales introduciendo un pequeño storytelling y veras cual es la reacción de tu público!

Capítulo 2 - Claves para hacer que tu Storytelling sea efectivo y cautive

El storytelling es un poderosa herramienta para hacer marketing de tu producto, tu idea, tu servicio o de ti mismo.
"Se dice que el marketing ya no se trata de las cosas que vendes sino de las historias que cuentas"

En un mundo lleno de marcas y anuncios publicitarios las historias son una manera muy interesante de diferenciarse y conectarse con los clientes y dar mucha visibilidad a nuestra marca o producto. Pero no solo se trata de contar historias, sino de lograr con estas historias ciertos objetivos.

Las claves más importantes para un buen storytelling son:

Definir el público objetivo.
Una buena historia no necesariamente tiene que gustarle a todo el mundo y esto es algo que debes tener muy en claro a la hora de hacer un storytelling. Antes de comenzar a hacer tu historia tomate un momento para analizar tu público objetivo, quienes son, que les motiva, que les gusta, a que se dedican.

No se trata de los productos o servicios que vendes, sino de las emociones que generas y que ayudarán a generar esas ventas.

Definir el objetivo de tu storytelling.
Además de definir tu público objetivo, es igualmente importante definir el objetivo de tu storytelling, quieres dinamizar tus ventas?
Quieres mejorar el posicionamiento de tu marca o producto?
Quieres maximizar el engagement de la marca con tus clientes? Quieres informar o educar a tus clientes?

Con base a tu objetivo, elige las emociones que quieres generar en tu audiencia a través de tu historia. Ten presente que no todos los productos o servicios se venden a través de la misma emoción.

La sencillez de tus historias son la máxima sofisticación.
Ser simple es lo más complejo a la hora de diseñar un buen storytelling, haz que tus historias sean fácilmente digeribles. El cerebro ama las metáforas, utiliza elementos muy sutiles que le den sentido a tu historia mientras ponen a volar la imaginación de tu audiencia.
Habla de personajes que generen empatía y se conecten con tu audiencia. Los personajes son un elemento muy importante en las historias porque a través de ellos se genera el vínculo emocional con la audiencia, el público debe emocionarse cuando el personaje se emociona y debe sufrir cuando el personaje sufre.

Algunos ejemplos de personajes que puedes incluir en tus historias: el héroe, como gancho emocional con tu producto o servicio, la princesa que representa al cliente, el villano como el problema y su raíz, el sabio como tu producto, el reto que será la solución que plantea el producto,

Ponle un toque de humor.
El humor es un excelente recurso pero no abuses de él, usa el humor con sutileza y lograrás que tu mensaje se quede en la mente de tu audiencia.

Crea escenarios en los que tu público objetivo se sienta identificado.
Esta es una clave muy importante porque el consumidor tiende a conectarse más con las marcas y con las personas que se muestran más humanos, lo cual da un enorme poder a las empresas pequeñas. No es absolutamente necesario que utilices fotografías y videos muy profesionales incluso en ocasiones una imagen casual tomada con tu teléfono donde se aprecie a un cliente interactuando con tu producto, llega a generar mayor impacto que las imágenes promocionales de alta calidad en la que los protagonistas son modelos.

Los detalles no son solo detalles, son la historia en sí.
Una buena historia está llena de detalles que llenan de autenticidad y originalidad cada momento del relato, los mejores Storitelers y escritores describen escenarios mencionando cada uno de los detalles que perduraran en la mente del público objetivo.

Lleva las emociones de tu audiencia al límite.

Cuando la mente humana se enfrenta a cambios emocionales se mantiene activa y tiende a recordar más, mientras que cuando se expone demasiado tiempo a un misma emoción tiende a aburrirse. Esta técnica es implementada por el cine en los trailers de películas, los cuales muestran rápidamente escenas cargadas de diferentes emociones y al final llevan el interés de la audiencia al límite para en ese momento, mostrar el nombre de la película y garantizar que nadie lo olvide, a mayor emoción mayores recuerdos.

No cuentes la historia completa, deja algo para la imaginación. Una escena en la que dos personas están por besarse causa más emoción que una pareja besándose y esto se debe a que a la mente le gusta imaginar, soñar y crear, deja algo para la imaginación de tu audiencia.

Invita a la acción.
Un gran error de muchos storytelling es que no llaman a la acción, no llevan a su audiencia a pensar en realizar ese paso que los acerque a tu marca o producto, y si lo hacen lo hacen de la manera incorrecta. Recuerda que el objetivo de tu storytelling es vender, por lo que debes incluir un llamado a la acción en el momento clave en que la audiencia está expuesta a la emoción que impulsa el deseo de compra.
Si tu objetivo es posicionamiento de marca debes poner tu marca justo en el momento en que las emociones de la audiencia están al límite.

Te ha pasado que ves un tráiler de una película y luego no te acuerdas del nombre?

O haz visto un comercial que te pareció divertido pero luego no recuerdas de que marca era?

Esto sucede muy a menudo porque el elemento clave está mal incluido en la historia, el llamado de acción debe ser contundente y puesto en el momento clave. No temas vender. Si has creado una buena historia y has atrapado a tu audiencia entonces el público está esperando a que le indiques que hacer y seguramente lo harán.

Bonus, interacción y transmedia. Ten en cuenta que actualmente el consumidor es multiplataforma y mientras está viendo televisión también está mirando su Facebook, y conversando en WhatsApp, esa tendencia está generando nuevas oportunidades para interactuar con el consumidor a través de los múltiples dispositivos y herramientas digitales. Hay comerciales que al terminar invitan a la audiencia a conectarse con alguna aplicación o sitio web para seguir con la misma historia pero en entornos distintos, de esta manera puedes lograr que el consumidor sea parte de tu historia.
También hay campañas que empiezan offline y llevan al consumidor a un escenario digital para seguir interactuando con él.

Recuerda que puedes hacer Storytelling en diferentes formatos: video, imagen, audio, y escrito, aplica aquellas claves que se adapten mejor al formato que uses.

Capítulo 3 - Claves del Storytelling en el Marketing

El storytelling está en todas partes pero sabemos cómo puede ayudarnos en una estrategia de marketing?

Cuáles son los ingredientes que deben estar presentes en el storytelling de cualquier marca?

En primer lugar los valores y los **mensajes** son fundamentales a la hora de conectar con nuestros clientes, ya que nos ayudan a humanizar nuestra marca y hacerla mucho más cercana. Los valores son los que dan personalidad a tu marca, son los que definen la voz y el tono que vas a mantener en tu web, en tus redes sociales, en tu blog, en la comunicación de tus redes sociales, y los mensajes claves son los aspectos objetivos que nos interesan destacar de nuestro negocio como por ejemplo, la calidad de los materiales que utilizamos o la atención al cliente que ofrecemos en el servicio post venta, tanto los valores como los mensajes tienen que estar siempre presentes en el storytelling de una marca, ya que recordemos que el storytelling es el discurso que nos permite conectar con nuestros clientes, es la historia que contamos sobre nosotros mismos y tenemos que tener muy claro que queremos comunicar para así mantener coherencia.

Otro de los ingredientes fundamentales en todo storytelling, sí por ejemplo nos definimos como una marca o producto que respeta el medio ambiente tendrá que ser así en todos los procesos de nuestros productos, no puede ser que dentro de nuestros **valores** este el apoyo al medio ambiente y luego se descubra qué contaminamos y no lo respetamos. Coherencia en nuestros mensajes, pero también una coherencia visual por eso es importante que trabajes tú visual storytelling, qué conozcas bien cuáles son los colores corporativos que utilizas, las tipografías, que transmites a través de ellas y que utilices siempre en tu web, en tus redes sociales, en las presentaciones en Power Point y en cualquier canal de comunicación, tu logotipo, los colores de tu marca, las mismas tipografías, y el mismo tipo de imágenes de esta forma lograrás conectar siempre con tus clientes pero también harás tu marca mucho más reconocible.

El tercer ingrediente que no puede faltar en el storytelling es **una historia con sus personajes**, obstáculos y momentos de catarsis, el storytelling de un negocio se basa en la narrativa y por lo tanto tenemos que desarrollar historias y relatos que fortalezcan esos valores y mensajes claves qué queremos hacer llegar a nuestra audiencia, en estas historias siempre debe haber un protagonista con el que se sentirá identificado nuestro cliente y que deberá superar un reto o un obstáculo como mínimo y que tendrá un momento de catarsis, de transformación en el que descubrirá una verdad. En esto es lo que consiste básica y fundamentalmente el storytelling.

Cuarto ingrediente que no puede faltar nunca en el storytelling de una marca es la **autenticidad** y la honestidad, muchas personas piensan que el storytelling es contar cuentos o mentiras y no lo es en absoluto, si eres de las personas que piensan esto quítatelo ya de la cabeza porque el storytelling tiene que basarse en la autenticidad y la honestidad, si mentimos nos pillaran enseguida y nuestro storytelling se irá directo a la basura junto a nuestra reputación, por eso es tan importante que inicialmente trabajes los valores y mensajes claves y así mantengas esa coherencia y autenticidad en todo relato.

En todo storytelling tiene que producirse una **transformación**, ese viaje del héroe qué tanto has oído hablar, la transformación se produce en ese momento de catarsis y es cuando nuestro cliente, nuestra audiencia se verá plenamente reflejado en la historia qué le estamos contando, es ese momento de catarsis y transformación lo que inspira o emociona a nuestro público, ten en cuenta siempre qué sin retos y sin obstáculos, no hay conflicto.
Sin conflicto no hay historia y tampoco hay catarsis y esto siempre es fundamental para poder encontrar esa transformación y para que se produzca una emoción en nuestra audiencia.

Para que nuestra audiencia conecte con el relato qué les estamos contando, necesitamos esa emoción de la que acabamos de hablar, por lo tanto si vas a contar la historia detrás de tu marca o producto, asegúrate de incluir los retos y obstáculos que has tenido que superar porque esto te ayudará a humanizar tu marca o producto y conectar mucho mejor con tus clientes, que te verán como una marca mucho más cercana pero que además se sentirán inspirados por tu propia transformación

En resumen los 5 ingredientes que no pueden faltar en ningún Storytelling son:

Los valores de tu marca, producto o servicio, mensajes clave, una buena historia, autenticidad y transformación

Capítulo 4 - Como contar la historia de tu marca

Lo primero que debes tener en cuenta al momento de crear la historia de tu marca, es que el protagonista tiene que ser tu cliente. Tu cliente tiene que sentirse identificado con esa historia que le estas contando, porque precisamente lo que quieres es conectar con él, con ese cliente que puede ser real o potencial, esa persona que podría llegar a comprarte.

Olvídate de poner a tu marca en el centro de la historia sea cual sea el relato que cuentes, tienes que estar pensando en todo momento en tu cliente, en cómo se va a ver reflejado en lo que le estas contando. Es fundamental que conozcas en profundidad como es ese cliente ideal cuya atención quieres atraer, tienes que investigar todo lo posible acerca de cuáles son sus motivaciones y sus miedos. Qué necesidad tiene que tu puedas cubrir con tus productos o servicios, que experiencia ha tenido en su vida para que tu puedas reflejarlas en esa historia y que se sienta identificado y representado.

El siguiente paso es definir cuál es la premisa o idea principal que quieres transmitir con tu historia, es decir con que mensaje principal quieres que se quede tras leer o ver tu historia, es muy importante que cada relato y cada artículo que escribas en tu blog tenga una idea principal, si intentas incluir demasiadas ideas tu audiencia no se quedara con ninguna de ellas, piénsalo bien, porque vas a contar la historia de tu marca, con que quieres que se queden?
Cuál es la idea que quieres que tengan después de ver tu historia?
A lo mejor puede ser la larga trayectoria y experiencia que tienes o los conocimientos que has tenido, los clientes con los que has trabajado, piensa bien que idea quieres transmitir porque así tu historia será mucho más eficiente.

Ahora que lo tienes claro, tienes que elegir tu historia. Como vas a contar esta idea principal, no se trata únicamente de lanzarla eso no es storytelling, se trata de que cuentes una historia con planteamiento, nudo y desenlace. Tu historia puede ser tu pasado, tu presente o tu futuro, o puede ser los retos que has superado y que aprendizaje has extraído de ellos y cuáles son los logros a los que aspiras y que has conseguido. Estas son solo dos ideas de historias que tú puedes contar a través de tu página web, a través del clásico sobre mí o en un video, un artículo, en tus redes sociales, puedes contar todas las historias que tú quieras alrededor de tu marca.

Estructura tu historia en tres actos: Planteamiento, nudo y desenlace o principio medio y fin, las únicas historias que no siguen estas estructuras son aquellas historias que no tienen fines comerciales por ejemplo, cuando vez una película de cine independiente cuyo objetivo es triunfar en un festival alternativo, probablemente muchas de ellas no sigan estas estructuras, porque en realidad lo que quieren es cambiar el lenguaje cinematográfico y hacer películas diferentes. Este no es tu objetivo, tú lo que quieres es vender, tú tienes un fin comercial, tú quieres persuadir porque de eso se trata el marketing y a eso te ayudará el storytelling.

En el planteamiento tendrás que presentar al protagonista de tu historia, presentar cuáles son sus características, su contexto para que así tu cliente ideal, tu audiencia se sienta identificada rápidamente con él. En el planteamiento es donde tiene lugar el detonante. El detonante es el que hace que tu protagonista se ponga en marcha, algo ha ocurrido y por tanto tiene que empezar la historia. Es aquí donde sucede algo que cambia el rumbo del protagonista y que cambia su objetivo, esto es lo que llamamos el punto de giro y lo que da lugar al nudo.
Es dentro del nudo, donde el protagonista deberá enfrentarse a uno o más conflictos, como hemos hablado esto es lo que produce el drama en las historias, sin conflicto no hay drama y sin drama no hay historia. Esto lo debes tener claro al momento de elaborar la historia de tu marca o cuando trabajes el storytelling para tus presentaciones.

Que es un conflicto?

Es un reto al que debe enfrentarse un protagonista, un problema que debe resolver y solucionar, cuando encuentra la solución a este problema es cuando se produce ese segundo punto de giro que da lugar al desenlace, que es el momento en que vemos como el protagonista alcanza su objetivo y como se ha producido una transformación en él, esto es lo que llamamos el viaje del héroe.

El viaje del héroe es donde siempre tiene que haber una transformación en nuestro protagonista, porque si termina exactamente igual que cuando empezó la historia, el final será decepcionante para tu audiencia, por lo tanto siempre busca esa transformación. Para inspirarte en tus primeras historias de storytelling puedes pensar en aquellos anuncios que te llamen la atención o que realmente te gusten, en ellos veras que se produce esa transformación en el protagonista, incluso en anuncios muy cortos que no duran más de 30 segundos por ejemplo, un deportista que entrenando siente un dolor, allí tiene un primer problema al que hacer frente, el detonante era que estaba haciendo deporte, punto de giro tiene ese dolor, ese problema al cual enfrentarse es el conflicto porque no puede seguir haciendo ejercicio que era lo que él quería, al final que es lo que hace? Aplica algún tipo de medicamento que hace que pueda continuar y seguir ejercitando, es allí donde se ve la transformación del personaje, es el desenlace.

Vemos que tenía un problema que se le ha solucionado gracias a una medicación y eso es lo que tú tienes que mostrar cuando cuentes historias a través de tus productos o servicios, y cuando estés contando la historia de tu marca deberás también reflejar como puedes ayudar a tu audiencia.

Que es lo que tú le ofreces, cuál es tu valor diferencial, que es lo que hace que tu seas distinto a tus competidores. El formato para la historia de tu marca puede ser escrito, en video, a través de fotografías etc.

Muchos emprendedores y pequeñas empresas se frenan al momento de pensar en hacer su storytelling por falta de presupuesto, o porque no se les da bien hablar delante de una cámara, o no saben escribir su historia. No debes olvidar que aquí lo importante es el contenido y no tanto los efectos especiales, si la historia es buena conseguirás captar su atención a través del texto de tu página web, lo conseguirás con un video que esta garbado en exterior, pero si tú te gravas directamente hablando a cámara también podrás llegar a tu audiencia si tu historia es buena y transmite emoción, la emoción es un ingrediente fundamental que no puede faltar en ningún stoytelling y una vez que tengas tu historia lista, es importante que la promociones en todos tus canales, en todas tus plataformas, envíala a través de newsletters o base de datos, cuélgala en tus redes sociales, comparte el enlace a tu página web, crea versiones reducidas para las distintas biografías de redes sociales, es importante que tu valor diferencial, tu storytelling esté presente en todas partes, así conseguirás conectar con tu audiencia en cualquier lugar.

Capítulo 5 - Cómo desarrollar tu relato de marca (o Brand Story) paso a paso

Uno de los primeros pasos que debe dar todo emprendedor es construir correctamente su relato de marca. El Brand Story es un concepto que está muy extendido, pero a pesar de su importancia en los negocios, recién ahora muchos emprendedores y vendedores están empezando a aplicarlo en su día a día.

En este libro, veremos por qué es tan importante el relato de marca y aprenderemos a desarrollarlo paso a paso.

Relato de marca: por qué es tan importante

El storytelling de una marca, o producto no es más que la suma de su identidad corporativa y su reputación, es el resultado de aquello que una marca comunica sobre sí misma y la opinión que se forman los potenciales consumidores.

¿Por qué es tan importante?

Porque, lo trabajen o no, todas las marcas tienen un relato.

Tanto las empresas como los emprendedores están constantemente comunicando algo. En la web, en redes sociales, en la página de servicios, en nuestra tienda online, en eventos de networking, todos tenemos una historia que contar, absolutamente todo comunica, desde el color a la tipografía, desde las imágenes que elegimos a los textos que escribimos.

Esa comunicación forma parte del relato que contamos a nuestros usuarios, a nuestros seguidores, a nuestros clientes.
Además de ser Coach de Ventas, he trabajado muchos años como Area General Manager en grandes y pequeñas empresas, y mi consejo para todos siempre es el mismo: «Controla tu mensaje de venta, antes de que el mensaje te controle a ti».
Debes conocer qué imagen quieres trasladar a tu cliente potencial, qué valores quieres compartir, qué tipo de comunicación quieres realizar. Porque, si no lo haces, estarás comunicando igualmente, pero no lo harás de forma efectiva y puedes perder credibilidad y confianza ante quien te escucha.
Como emprendedor debes comenzar a trabajar desde el minuto uno tu relato de marca.

Elementos de tu relato de marca

Uno de los errores que se suelen cometer a la hora de desarrollar el relato de marca, es pensar que se trata únicamente de contar nuestra historia.

Obviamente nuestra historia debe estar presente y, si es en la página «Sobre mí» / «Conócenos», aún mejor.

Sin embargo, existen otros elementos que debemos cuidar y son:

Tu público objetivo, tu audiencia, tus clientes

El principal elemento que debemos tener en cuenta a la hora de desarrollar nuestro relato de marca no somos nosotros mismos, sino ellos: nuestros clientes, nuestro público objetivo, nuestra audiencia.

Puede resultar difícil escribir sobre uno mismo, se tiende a pensar que el storytelling trata sobre exponerse, abrirse a los demás y compartir su historia desde lo más profundo y no es verdad, el storytelling consiste en contar nuestra historia desde la honestidad pero teniendo en cuenta los puntos de conexión con nuestros potenciales clientes, sus intereses y experiencias.

Queremos gustarles para que conecten con nosotros, se sientan identificados, comprendidos y nos compren.

Define bien quién es tu público objetivo. «Hombres entre 35 y 55 años» es una definición poco precisa. Profundiza, interésate por ellos, investiga y conócelos en profundidad.

Historia detrás de tu marca

Siempre debemos tener en mente quién es nuestro público objetivo y conocerlo en detalle.

Una vez que lo tenemos claro, debemos contar la historia de nuestra marca partiendo desde nuestra motivación, continuando con nuestro valor diferencial y finalmente, nuestros productos o servicios.

De este modo, estaremos compartiendo quiénes somos, de dónde venimos, qué hacemos y cómo lo hacemos.

Tu Storytelling verbal

¿Cómo te comunicas con tu público objetivo? ¿Qué tipo de palabras utilizas, cuál es tu lenguaje, qué tono usas? Puedes ser formal o informal, divertido o no, cercano o distante.

¿Cómo es la relación que quieres establecer con tus clientes?
En base a eso, establecerás tu voz, eso que llamamos Storytelling verbal.

> **¿Qué debemos tener en cuenta a la hora de definir nuestra voz corporativa?**

Mensajes clave que nos definen
Valores de marca
Promesa que hacemos
Presentación o Elevator pitch
Lenguaje
Tono

Visual Storytelling

Todo comunica, incluso los aspectos más visuales de tu negocio: colores corporativos, tipografías, logotipo, imágenes en web y redes sociales, etcétera.

La clave para que el Visual Storytelling funcione es mantener siempre la coherencia.
Si nos decidimos por un color que represente a nuestra marca o producto, debemos utilizarlo siempre. Por lo general, debemos tener un color principal, un color secundario y un color complementario. Puedes optar por modificar el color secundario en función de tus productos o servicios.

Por ejemplo, los colores de mi web son azul, rojo y gris, pero quise darle su propia identidad a mi sello editor Sales Talent Readers, creando un logo para él y combinando los colores, pero manteniendo el color principal para no perder esa coherencia.

En el caso de las fuentes, aconsejo tener dos: una para los títulos y otra para el cuerpo de tus textos. De forma excepcional, en determinadas creatividades, puedes optar por una fuente distinta, pero no hagas cada diseño totalmente diferente al anterior.

Cómo desarrollar tu relato de marca paso a paso

Ahora que tenemos claro por qué es tan importante que trabajemos el relato de nuestra marca o producto y que conocemos los principales elementos que lo conforman, vamos a ver cómo podemos desarrollarlo:

Paso 1. Define a tu público objetivo

Tus clientes deben ser tu prioridad y tu público objetivo es uno de los principales elementos de tu relato de marca.
Por lo tanto, no te debe de extrañar que el primer paso sea conocer en profundidad a nuestra audiencia.
¿A qué tipo de clientes queremos atraer? Una vez que respondas a esta pregunta, debes conseguir esta información:

Cuáles son sus intereses?
Cuáles son sus experiencias?
Cuáles son sus hábitos de consumo?
Que lenguaje utilizan?

Paso 2. Adapta tu comunicación

¿Cómo quieres comunicarte con tus clientes?

Decide el tono de tus mensajes para los diferentes canales. Si optas por ser formal, deberás serlo tanto en tu web como en tus redes sociales o tu newsletter.
Intenta utilizar el mismo lenguaje de tu público objetivo. ¿Cómo se expresa? ¿Qué palabras utiliza para referirse a los conceptos asociados a tu marca, tu actividad o tu sector?

Paso 3. Cuenta tu propia historia

Tus posibles clientes quieren conocerte mejor y, para ello, nada como contar tu propia historia. Te recomiendo que sigas el Círculo Dorado de Simon Sinek, una técnica que suelo trabajar en mis formaciones. Para ello, deberás pensar y compartir tu historia siguiendo este orden:

1-Motivación (por qué)
2-Valor diferencial (cómo)
3-Producto o servicio (qué)

Te ayudará a conectar mejor con tus clientes. Los productos y servicios (qué) pueden ser idénticos de una marca a otra. ¿Cuántos Coaches existen? ¿Cuántos consultores de marketing? ¿Cuántas tiendas de moda?

El valor diferencial (cómo) se centra en el proceso de elaboración, el método de trabajo, las técnicas utilizadas, los materiales de confección, etc. En este aspecto, nuestros competidores pueden ser parecidos a nosotros, pero no iguales.

La motivación (por qué) es lo que nos hace verdaderamente diferentes. Cada uno decidimos emprender por un motivo distinto y ahí debe radicar nuestra historia. ¿Por qué nos levantamos cada mañana para sacar nuestro negocio adelante? Compártelo con tus clientes y verás cómo conectan mejor contigo.

Por lo tanto, ¿por qué nos empeñamos en comunicar el qué antes de compartir el cómo y por qué?

Paso 4. Haz que tu historia sea única y compártela

Si cuando hablábamos del Visual Storytelling, mencionábamos la coherencia, también debemos conservarla a la hora de compartir nuestra historia. No inventes un relato distinto cada vez que alguien te pregunte por tu negocio o producto, de lo contrario perderás credibilidad.

Decide cuál será tu historia y repítela siempre de la misma manera.

Compártela en tu web y en tus redes sociales. Cuéntala cuando te pregunten a qué te dedicas, por qué emprendiste o en qué consiste tu negocio. Unas veces proporcionarás más detalles, otras menos, pero mantente siempre fiel a la esencia.

Paso 5. Comunica a través del Visual Storytelling

Trabaja tu identidad corporativa a través de la imagen, lo mejor sería que puedas crear un dossier de estilo en el que detalles los colores corporativos, las tipografías y el tipo de fotografías, ilustraciones e iconos que se utilizarán en tu web, redes sociales, tienda online, e-mails, etcétera.

También deberías definir el uso de estos elementos en documentos, material de oficina o, incluso, objetos promocionales para clientes.

Un relato de marca adecuado te ayudará a construir una marca sólida y fácilmente reconocible por tu público objetivo. Te diferenciarás de tus competidores, porque estarás comunicando correctamente tus mensajes clave y valores, y atraerás a los clientes que deseas.

Capítulo 6 - Si tengo un negocio, ¿necesito Storytelling?

Desde que comencé a dar cursos online de Storytelling para vendedores y emprendedores, suelo recibir consultas de personas preguntándome "Si tengo un negocio, ¿necesito Storytelling?» y si vendo servicios, ¿también?
Tanto si tienes una tienda física u online, página web o redes sociales y quieres conectar con tus clientes debes tener un Storytelling que venda.
Esta es una pregunta que muchos emprendedores se hacen todos los días.

Por qué necesito Storytelling si soy emprendedor

Si tienes un negocio, seguramente querrás hacerlo crecer. Cuando construyes una marca, quieres que sea reconocida. Quieres distinguirte de tu competencia y que tus usuarios conozcan tus valores y mensajes clave. Para todo ello, necesitas un buen Storytelling.

1. Necesitas Storytelling para crear una marca

El storytelling de una marca se compone de su identidad corporativa y su reputación. Es aquello que una marca comunica sobre sí misma sumado a lo que socialmente se percibe de ella.

Para desarrollar nuestra propia marca, debemos trabajar muy bien la comunicación que realizamos. Debemos transmitir correctamente quiénes somos, qué hacemos y por qué somos diferentes y únicos.

Este objetivo se logra construyendo un relato coherente de nuestra marca.

¿Coherente en qué sentido?

Nuestro relato se compone de las palabras que usamos en nuestra web (Copywriting), de las imágenes y los colores principales que elegimos (Visual Storytelling), de los valores y mensajes clave que compartimos (Comunicación Corporativa), de los contenidos que generamos (Marketing y Ventas) y, por supuesto, de las historias que contamos (Narrativas).

2. Porque necesitas diferenciarte de tus competidores

¿Cómo te diferencias?

Si quieres diferenciarte de tus competidores, necesitas un buen storytelling. El resto de las marcas del mercado nos pueden copiar absolutamente todo: nuestro estilo, nuestras plantillas de WordPress, nuestros colores, nuestros precios, pero nuestra historia siempre será única. Pueden crear una mejor o peor, pueden inventarse una buena historia, pero jamás será la nuestra.

Para ello podemos utilizar las técnicas propias de la narrativa en nuestra web y redes sociales. Si mostramos en Instagram Stories o YouTube cuál es nuestra forma de trabajo, o nuestros procesos de elaboración de un producto, o su versatilidad estaremos distinguiéndonos. Si además, creamos una historia única para cada producto, estaremos dándole un valor diferencial. A todo esto nos ayuda conocer las diferentes técnicas del storytelling.

3. Quieres conectar con tus clientes y potenciales en redes sociales

Cuando me planteé el tono que le daría a mis redes sociales, decidí que sería en primera persona y que me mostraría cercana, porque así soy yo y es como me siento más cómoda. Si utilizo la primera persona, obviamente también necesito storytelling.

¿Por qué? Porque voy a estar contando mi historia, mis pensamientos, mis reflexiones, mis inquietudes.

¿Y si no utilizo la primera persona? también necesito storytelling.

En este caso, ¿por qué? Pues porque quiero crear contenidos únicos que conecten con mis clientes.

¿Y cómo conseguimos conectar con nuestros usuarios? A través de las historias.

Los relatos nos sirven para compartir sentimientos comunes y experiencias parecidas. Además, nos ayudan a humanizar nuestra marca, a mostrar el equipo que se encuentra detrás, a hablar de los retos y obstáculos que hemos superado, las experiencias que hemos tenido. Toda esta información nos conecta con nuestros clientes, nos acerca a ellos.

Construir una marca sólida, con ayuda del storytelling, nos ayudará a tener una audiencia fiel que nos defenderá y nos promocionará por encima de nuestros competidores. Lograremos distinguirnos de ellos y aprenderemos a crear contenidos originales que conecten con nuestros clientes.

Capítulo 7 - Storytelling: ¿Qué relato contar como marca?

¿Qué relato contar como marca?

Ésta es una de las principales preguntas que me plantean los emprendedores en los cursos de formación que imparto ¿Qué historias puedo compartir? ¿Cómo aplico storytelling a mi negocio?

La primera historia que debemos contar debe ser la de nuestra marca: de dónde venimos, dónde nos encontramos y hacia dónde vamos. Sin embargo, éste no es el único relato que podemos contar, como estrategia de storytelling es aconsejable recurrir a múltiples historias, todas ellas reforzarán nuestra identidad como marca.
Aquí veremos algunas ideas que pueden ayudarnos a desarrollar los diferentes relatos que rodeen a nuestra marca. Los dividiremos por sus tipos de protagonistas: personas, objetos y lugares. También conoceremos algunos trucos que pueden ayudarnos a potenciar nuestra creatividad.

El storytelling nos ayuda a construir la identidad de nuestra marca, dentro del storytelling, denominamos brand story a la conjunción de identidad + reputación.

Aquellos valores que forman parte de nuestra marca, junto a la imagen que proyectamos, es el storytelling de una marca.

Para contribuir a la construcción de esta brand story, podemos recurrir a tácticas propias del storytelling. Contaremos historias que fortalezcan nuestra marca, utilizaremos elementos narrativos para escribir mejor e impregnaremos de Visual Storytelling nuestra web, nuestras redes sociales y nuestra tienda online.

A continuación veremos qué relato contar como marca en nuestra web y en nuestras redes sociales para implementar storytelling en nuestro negocio.

El formato (vídeo, imagen o texto) dependerá de nuestros recursos, los hábitos de consumo de nuestro público objetivo y nuestras propias necesidades.

Storytelling con personas

Las personas deben ser las principales protagonistas de nuestros relatos. Si nuestro objetivo es humanizar nuestra marca o producto y empatizar con nuestro público objetivo, debemos contar historias de personas con las que nuestros clientes se sientan identificados.

Nuestra historia como emprendedores

Como emprendedores, es importante que contemos nuestro propio relato. Estoy segura de que, detrás de nuestra idea de negocio, existe una gran historia.

¿Qué cambió en nuestra vida que nos hizo dejar de ser empleados para emprender?

¿Cuál es tu historia? ¿Qué te diferencia de tus competidores? ¿Qué te hace ser especial?

Nuestra historia es única e irrepetible. Es un valor intangible que nos ayuda a potenciar nuestra marca. Gracias a nuestra historia, podemos compartir nuestros valores, nuestras creencias, nuestra experiencia y encontraremos a otras personas que se sentirán conectadas a nosotros por ello.
Piensa en cuáles son tus valores personales, si tienes una conciencia animalista, ¿no prefieres adquirir productos de marcas que respetan los derechos de los animales? Del mismo modo, habrá personas que se sientan conectadas con tu marca a través de tu historia ya sea porque se sientan identificadas con tus vivencias, o bien porque les guste tu modo de afrontar la vida.

La historia de nuestros empleados y colaboradores

Seguro que las personas que trabajan contigo en tu negocio tienen grandes historias que contar. Sus palabras te servirán como testimonio para reforzar la imagen de marca que estás creando, si solo nosotros hablamos bien de nuestra marca, no lograremos ganar mucha credibilidad. Es importante que otras personas también lo compartan públicamente.
Para ello, nada mejor que tener a nuestros empleados y colaboradores contentos. En este caso, ¿qué relato contar como marca? Aquí tenemos algunos ejemplos:

Por qué empezaron a trabajar en nuestro negocio
Cuál ha sido el mayor reto al que se han enfrentado
Anécdotas y curiosidades que les han ocurrido

Estas historias se deben encontrar alineadas con nuestros mensajes clave. No se trata de contar una historia porque sí, sino de transmitir unos valores que contribuyan a nuestro brand story.

¿Qué historia cuentan nuestros clientes?

Cuenta con sus testimonios para ganar credibilidad en tu página web. Inclúyelos junto a tus productos o servicios.
Ten en cuenta que no todo testimonio constituye un relato. De hecho, la mayoría de sus opiniones son reseñas del producto en cuestión. Si quieres que tengan formato de historia, hazles las preguntas que se corresponden con los tres actos del storytelling:

Planteamiento: «¿En qué consiste tu negocio? ¿Quién eres?»
Nudo: «¿Qué necesidad buscabas resolver?»
Desenlace: «¿Cómo te ha ayudado mi producto o servicio?»

Si te planteas qué relato contar como marca con tus clientes como protagonistas, ten en cuenta que en este caso la palabra es de ellos. Puedes realizar las preguntas que desees en un cuestionario para darle formato de historia. Sin embargo, no podrás controlar lo que dicen.
Una segunda opción es realizarles una entrevista en persona, vía Skype o Zoom e incluso, grabarla en vídeo para

compartirla en tu web y tus redes sociales. Así tendrás material de calidad con el que podrás trabajar posteriormente. Por ejemplo, creando un vídeo con los mejores testimonios. Prepara la entrevista previamente para evitar sorpresas poco deseables y ganar productividad, es importante que les ofrezcas algo a cambio de su colaboración. Por ejemplo, un enlace desde tu web (que contribuirá a su posicionamiento en Google), o un descuento.

Storytelling con objetos

Si tienes una tienda online en la que vendes productos, plantéate desde ya modificar la descripción que tienes incluida. Este espacio, tan importante para obtener un buen posicionamiento web, es perfecto para el storytelling:

Si creas tus propios productos y los vendes a través de tu web, aprovecha para contar la historia detrás de cada uno de ellos.

¿Qué te inspiró a la hora de elaborarlos? ¿Qué hace que ese producto sea único?

Si tienes un e-commerce en el que vendes productos de otras marcas, cuenta su historia, preséntalas, y explica por qué las elegiste para formar parte de tu proyecto.

Ten en cuenta que Google penaliza el contenido que está duplicado, por lo que debemos evitar copiar y pegar la misma historia en todos nuestros productos una y otra vez. La solución es contar diferentes relatos que inspiren a nuestros futuros clientes, pero que conserven la coherencia entre unos y otros.

Historias ficticias para tus productos

¿Qué ocurre cuando tienes muchos artículos parecidos?

Si tienes muchos productos que comparten historia, cambia el relato por uno ficticio. Cuenta cómo pueden utilizarlos tus clientes, pero cuenta una historia distinta para cada uno de ellos.

Puedes usar un personaje ficticio, utilizar la primera persona para implicarte más o la segunda persona del singular para dirigirte directamente a tu cliente. Veamos algunos ejemplos:

Para la falda amarilla + personaje ficticio: «Lucia decidió que sus vacaciones no terminaran al regresar a su ciudad tras pasar un mes en la playa. ¡Tenía que lucir su bronceado! Se puso su falda amarilla y se llevó con ella los rayos de sol en su vuelta al trabajo.»

Para la falda azul + primera persona: «Cuando tengo una reunión en el trabajo y quiero transmitir una imagen seria, siempre elijo esta falda en color azul. Su tono es discreto y combina a la perfección con la mayoría de mis accesorios. Si, además, tengo planes después del trabajo, simplemente la combino con un collar, me pinto los labios y calzo unos buenos tacones.»

Para la falda rosa + segunda persona: «Si necesitas una inyección de energía que te haga atraer todas las miradas, nuestra falda rosa es para ti. Combínala con una blusa blanca. Lograrás ser el centro de atención.»

Las historias son muy breves, pero todas tienen un planteamiento (regreso de las vacaciones, reunión importante, inyección de energía), un nudo = necesidad (alargar las vacaciones, transmitir seriedad, llamar la atención) y un desenlace = solución (llevarse con ella el sol, planes afterwork, combinaciones posibles).

En estos ejemplos, se han utilizado diferentes fórmulas para que pienses cual encaja mejor con tu marca. No obstante, es importante que seas coherente. Elige una de estas fórmulas y utiliza siempre la misma en tu tienda online y redes sociales.

Storytelling con lugares

Para terminar con qué relato contar como marca, te diré que los lugares también pueden contar historias.
¿Desde dónde trabajas? ¿En qué lugar se encuentra tu tienda?
No es necesario que tengas tu oficina o tienda en un edificio histórico para que puedas contar maravillas de él. ¡Seguro que puedes contar muchas cosas!
Piensa que el ambiente es fundamental en cualquier historia y también lo es en la tuya. ¿Por qué trabajas donde lo haces?
¿Qué te hizo elegir ese local o espacio de coworking?

¿Quiénes son tus compañeros de oficina? ¿Qué ventajas tiene tu lugar de trabajo frente a otros? ¿Cómo lo has decorado?

Las respuestas a todas estas preguntas forman parte de tu historia y, nuevamente, contribuyen a la construcción de tu identidad como marca.

Trucos para potenciar nuestra creatividad

Para tener buenas ideas y crear historias que conecten con tu público y enamoren a tus clientes, debes potenciar tu creatividad. A continuación, te indico algunos trucos que he aplicado en mi día a día y que me han sido muy útiles:

Permite que la creatividad fluya en ti. No importa si se te da bien o mal dibujar, pintar, escribir, déjate llevar sin prestar demasiada atención al resultado. Simplemente, disfruta el camino.

Compra un cuaderno y escribe a mano todos los días. Te servirán para desbloquearte cada mañana y liberar tu creatividad.

Encuentra fuentes de inspiración. Lleva siempre una pequeña libreta contigo, una app de notas en tu móvil o la aplicación para grabar audios accesible.

Inspírate con otros emprendedores, con artistas, con películas, con series, libros. ¡Hay buenos storytelling por todas partes!

Si sabes qué relato contar como marca, sabrás cómo construir una identidad fuerte con la que tus clientes se identifiquen y quieran comprarte, o contratarte.

Capítulo 8 – Profundicemos sobre el Visual Storytelling?

Si el Storytelling es importante para cualquier negocio, el Visual Storytelling es indispensable, a lo que nos referimos cuando hablamos de Visual Storytelling es al arte de contar historias a través de las imágenes (estáticas o en movimiento).

Las imágenes que acompañaban a los textos siempre deben contar algo. Si decides utilizar unas imágenes en lugar de otras debe ser porque las primeras transmiten más y mejor información. Por lo tanto, olvídate de contar con vídeos de relleno que no refuerzan el mensaje que quieres transmitir.
Si un objeto tiene una presencia destacada en una escena, es porque este objeto es importante en la narración, hasta es posible que cuente su propia historia.

En el mundo de las ventas las imágenes importan; las imágenes siempre deben contar una historia, lo he tratado de aplicar siempre como profesional, si utilizamos una imagen, que no sea por casualidad!
Aquí te daré algunos consejos para que tu Visual Storytelling sea eficaz al momento de vender una idea, producto o servicio.

Profundicemos un poco más.

Cuando hablamos de contar historias nos referimos a narrar una serie de acontecimientos en los que un protagonista debe superar un conflicto siguiendo la estructura clásica del relato.

Hacerlo a través de las imágenes implica el uso de contenido multimedia (fotografías, infografías, gifs animados, vídeos, etcétera). Esto es así cuando hablamos de campañas específicas de Storytelling.

Sin embargo, debemos distinguir entre una campaña concreta de storytelling para vender un producto o servicio determinado, y el storytelling propio de una marca. En este último caso, se trata de transmitir los valores de la marca de manera continuada y eficaz.

Aquí el Visual Storytelling juega un papel primordial

Las fotografías que utilizamos en nuestra página web y en nuestras redes sociales o los colores que asociamos a nuestra marca también forman parte de la historia que contamos sobre nosotros. Podemos definir el Visual Storytelling como el arte de comunicar la historia y los valores de nuestra marca a través de imágenes, fijas o en movimiento, que sean impactantes para nuestra audiencia.

Beneficios para tu negocio

La importancia del Visual Storytelling reside en el funcionamiento de nuestro cerebro. El storytelling facilita que nuestro cerebro recuerde mejor el mensaje que le queremos transmitir. El Visual Storytelling contribuye a que este proceso sea incluso más eficaz:

El cerebro procesa las imágenes hasta 60.000 veces más rápido que el texto.

Los contenidos que contienen imágenes son vistos hasta un 94% de veces más.

Cerca de 100 millones de usuarios de Internet ven, al menos, un vídeo al día.

Las personas recuerdan el 10% de lo que oyen, el 20% de lo que leen y el 80% de lo que ven y/o experimentan.

¿Aún te preguntas qué beneficios tiene el Visual Storytelling para tu negocio?

Incrementa la credibilidad de tu empresa.
Aumenta el recuerdo de tu marca entre tu público objetivo.
Mejora las interacciones en redes sociales.
Te permite distinguirte de tus competidores.
Hace que tu marca sea fácilmente reconocible.

Las claves del Visual Storytelling

Para lograr una comunicación eficaz a través del Visual Storytelling, es necesario conocer las claves.
¿En qué consiste exactamente el Visual Storytelling?

No lo digas, muéstralo

Si puedes mostrarlo con imágenes, no te esfuerces en explicarlo con palabras. Si en una película pueden mostrarnos el pasado de un personaje a través de sus propias acciones, siempre será que mejor que colarnos el típico discurso de «Por qué soy así». Del mismo modo, cuando hablamos de Visual Storytelling en el entorno digital, debemos tratar de ahorrar palabras. Aplicado al mundo de los negocios, es mejor mostrar los beneficios de nuestros productos o servicios que explicarlos.

Causa una buena primera impresión

Utiliza imágenes de gran impacto. Todos sabemos lo importante que es la primera imagen que transmitimos. Cuando un cliente potencial visita nuestra web por primera vez o se encuentra con uno de nuestros posts en redes sociales, es importante que nuestro Visual Storytelling llame su atención y lo enamore.

Debemos tener en cuenta que esta primera impresión es muy rápida. Es esa primera sensación que una imagen te transmite: ¿es aburrido, dulce, divertido? Las imágenes que utilizamos, los vídeos, los colores, la tipografía, el diseño de nuestra web, todo debe contribuir a que esa primera impresión sea positiva.

Sin conflicto no hay historia

Ahora bien, cuando hablamos de contar una historia, es imprescindible que exista un conflicto. Contar que un día nos despertamos, decidimos montar nuestro propio negocio y que ya lo tenemos carece de interés para nuestra audiencia. Sin embargo, compartir las dificultades a las que tuviste que hacer frente, las dudas que te surgieron, los momentos de desmotivación, no sólo te humaniza, sino que además hace que tu historia sea mucho más interesante.

Sin conflicto no hay historia, ya lo comentábamos al hablar del planteamiento, nudo y desenlace. El conflicto se produce cuando nuestro personaje desea algo y debe superar una serie de obstáculos para alcanzarlo, el clímax se produce cuando el personaje alcanza su objetivo, momento en el que debemos transmitir nuestro mensaje clave o nuestro CTA (call to action).

Tu producto no es el protagonista

Tu producto no es el protagonista ¡deben ser las personas! Es recomendable que cuentes la historia detrás de tu negocio, de tus productos, o servicios, pero siempre desde un punto de vista personal. Tú, tus empleados, tus colaboradores y tus clientes deben ser siempre los protagonistas de las historias que cuentes.

Tampoco se trata de contar cualquier historia (ni la historia de cualquiera). Cuenta aquellas historias con las que tu público objetivo se pueda sentir identificado.

Transmite un mensaje clave

A la hora de plantear cualquier storytelling, debes preguntarte cuál es tu premisa. ¿Qué mensaje clave quieres transmitir?
¿Qué enseñanza te gustaría compartir?
¿Cuál es la moraleja de tu historia?
Si con tu storytelling logras que tus clientes potenciales se hagan preguntas o reflexionen sobre lo que acaban de ver, conseguirás una mayor implicación por su parte.

Visual Storytelling en las redes sociales

En las redes sociales, podemos utilizar el Visual Storytelling para conseguir un mayor número de interacciones, mejorando así nuestro engagement.

En Facebook, por ejemplo, la opción más potente actualmente es Canvas. Con esta herramienta, puedes combinar vídeos, imágenes y botones de llamada a la acción obteniendo resultados muy visuales. Pensado específicamente para su consumo en smartphones, nos permite contar historias de manera muy creativa. Lo podemos incluir en nuestras publicaciones o en nuestros anuncios para móvil.

En Instagram, además de contar con las Stories, podemos utilizar las galerías para compartir una historia en varias fotografías.

En Twitter se encuentran muy de moda los hilos, que permiten contar historias y compartir experiencias más allá de los 140 caracteres.

También Spotify nos puede servir para contar historias de manera musical. Podemos hacerlo a través de los títulos de las propias canciones, de los mensajes que éstas transmiten e, incluso, fijándonos en el estado de ánimo que nos contagian.

El Visual Storytelling es el arte de comunicar con historias a través de imágenes que impacten a nuestra audiencia y que guarden coherencia y armonía entre ellas. Debemos cuidar qué comunicamos con los colores que utilizamos, las fotografías que subimos y, en definitiva, la identidad visual que compartimos. Por último, cuando utilicemos el storytelling en nuestras campañas, debemos tratar de transmitir más con las imágenes que con las palabras.

Ejemplos de Storytelling para triunfar

¿Cuáles son los mejores ejemplos de Storytelling?

Ahora vamos a centrarnos en las mejores prácticas llevadas a cabo por marcas muy diferentes.

A través de estos casos de éxito, aprenderás en qué debes centrarte cuando planifiques tu estrategia de Storytelling.

Con la práctica es como mejor se aprende. Las experiencias de los demás deberían servirnos a nosotros también, para inspirarnos con sus éxitos y evitar sus errores.

En los ejemplos que veremos a continuación te indicaré algunos detalles para que puedas extraer el máximo **de los** Storytelling**:**

Descripción del Storytelling de la marca o de su campaña.
Factores de éxito.
Ejercicio recomendado para que lo apliques a tu negocio, o proyecto.

Ejemplos de Storytelling que querrás conocer

Caso 1. Coca-Cola

Al hablar de storytelling, podemos hacerlo en dos sentidos:

El storytelling propio de la marca, aquellos factores que la hacen diferente a todas las demás y por los que todos las conocemos.

Las campañas de storytelling que la marca ha llevado a cabo con el objetivo de alcanzar unas metas concretas.

Todos conocemos la historia de Coca-Cola. Hemos oído que empezó siendo un jarabe creado por el farmacéutico John Pemberton. Y sabemos que su fórmula es secreta. Tan secreta que se encuentra bien escondida en una caja fuerte.

Éste es el storytelling de la marca, poco importa si el único motivo por el que nadie ha copiado su receta es porque está patentada (y no porque sea secreta).

Coca-Cola recurre al storytelling para lograr que su público se sienta identificado y representando, aumentando así la empatía.

La marca ha logrado generar un gran vínculo emocional con todos nosotros a través de esta historia. Una historia que seguro oímos cuando éramos pequeños. Una historia que probablemente transmitamos a nuestros hijos cuando tomen el primer vaso de este refresco. Sin duda, es uno de los ejemplos de Storytelling más importantes. Además, Coca-Cola recurre al storytelling para sus campañas publicitarias con mucha frecuencia.

Factores de éxito

Coca-Cola conoce bien su identidad y su posicionamiento en el mercado. Sabe que la historia de la fórmula secreta, aunque hoy día no lo sea tanto, le favorece y, por ello la potencia.

También **sabe a qué público se dirige**, pero no únicamente con una serie de datos demográficos, como el género y la edad. Coca-Cola se interesa por las preocupaciones y necesidades de su target, generando así un mayor vínculo emocional.

Ejercicio práctico

¿Quieres que tu campaña de storytelling tenga éxito? pues escribe cuál es su identidad?

Debes conocer en profundidad la identidad de tu marca. Para ello, te propongo que escribas en una hoja en blanco todo lo que sabes sobre tu marca. Incluye su historia, sus valores, sus retos y sus logros. Todo aquello que se te ocurra alrededor de tu marca.

Caso 2. Airbnb, todo comenzó con un e-mail

Toda marca tiene una historia que contar, no hace falta ser Coca-Cola, tener más de cien años de historia ni contar con una fórmula secreta.
La historia de Airbnb no puede ser más sencilla: Joe Gebbia tenía que ingeniárselas para pagar su alquiler cada mes. Un día, decidió instalar tres colchones inflables en su LOFT y alquilarlos siguiendo el modelo BED & BREAKFAST. De ahí su nombre: Air Bed And Breakfast - Airbnb. Tras superar muchos retos, Airbnb es hoy una de las startups de mayor éxito internacional.

El propio Joe Gebbia contó en una charla TED cómo Airbnb empezó con un e-mail en 2007. Presta atención a cómo empieza su ponencia: «Quiero contaros la historia...»
Sin embargo, la historia de Airbnb no es suficiente. Nunca debemos pararnos en nuestra propia historia. ¡Debemos seguir avanzando! ¿Qué otras historias podemos contar? En su página web, Airbnb dedica toda una sección dar ideas a los usuarios de cómo crear experiencias.
¿Es esto tan importante?
¿Y si te digo que los detalles se convierten en experiencias?

Factores de éxito

La historia de superación de los fundadores de Airbnb nos hace empatizar con ellos. Hoy son millonarios, pero hace una década tan sólo eran unos jóvenes tratando de cumplir un sueño que pagara sus facturas. Si ellos lo lograron, ¿por qué no lo podemos hacer nosotros? Su historia es inspiradora.
Fomentan las historias de sus usuarios, generando en ellos un sentimiento de pertenencia, creando una verdadera comunidad. Las historias de nuestros clientes -e incluso de nuestros empleados- también pueden ser buenos ejemplos de Storytelling.
La historia de Joe Gebbia está llena de anécdotas. No se trata sólo de que cuentes una buena historia, ¡sino de que la cuentes bien! Comparte anécdotas, revive los mejores momentos, cuida el tono, muéstrate apasionado.

Ejercicio práctico

¿Qué contarían tus clientes de tu negocio si les preguntaras?

¡No te quedes con la duda y pregúntales!
Escribe un e-mail a tu base de datos con un breve cuestionario. Interésate por cómo tus servicios han influido en su vida, pregúntales para qué utilizan tus productos, si alguna vez se los han regalado a alguien, cómo les ayudan en su día a día.
Cuéntales que quieres recopilar sus historias en tu blog y, sobre todo, escúchalos con atención.

Caso 3. La manzana de Apple

En Apple debemos hacer de nuevo la distinción entre storytelling de la marca y campaña de storytelling. El arte de contar historias está muy presente en la comunicación de la manzana.
Todos tenemos una ligera idea de la historia de Apple, sabemos del enfrentamiento entre Steve Jobs y Steve Wozniak y seguramente hemos escuchado alguna que otra teoría acerca de por qué Apple se llama así. También el logo de la marca cuenta con leyendas que la rodean. La más popular se basa en la admiración que Steve Jobs sentía por el matemático Alan Touring, quien murió a causa de una manzana envenenada.

El Storytelling, además, se encontraba muy presente en las presentaciones que Steve Jobs hacía de los nuevos productos de Apple. El planteamiento a modo de historia -unido, obviamente, al atractivo de sus novedades- hizo que todo el mundo comenzara a mostrar interés en sus keynotes, además las campañas publicitarias de Apple son, también, muy buenos ejemplos de storytelling.

Factores de éxito

El storytelling se encuentra presente en todo Apple. No se trata únicamente de contar nuestra propia historia, sino de implementar storytelling siempre que sea posible. En nuestras presentaciones, en nuestras reuniones, en nuestras campañas, en nuestra web, en nuestros artículos, siempre hay una buena ocasión para contar una buena historia.

Tan importante es contar nuestra historia y contarla bien como ambientarla como es debido. Utiliza la música, recurre a imágenes inspiradoras, modifica el tono de tu voz, usa todos los elementos a tu alcance para emocionar a tu audiencia.

Ejercicio práctico

Lo importante de estos ejemplos de storytelling es que integres todas las enseñanzas que estas marcas pueden transmitirte y que las apliques cuanto antes. Piensa en qué canales podrías empezar a aplicar storytelling. Analiza tu página web, servicios, reuniones, conferencias, etc.

¿Dónde puedes contar una buena historia? ¿Puedes aplicarle el formato de planteamiento, nudo y desenlace a tus presentaciones?

Ejercicio práctico

¿Qué acciones has llevado a cabo en el último año que podrías haber contado de otra forma?

Quizás hayas lanzado un nuevo producto o servicio en el que estuviste trabajando durante meses y cuya elaboración nunca has contado a tu comunidad. Es posible que hayas escrito un libro y que ninguno de tus seguidores sepa el trabajo que hay detrás. ¡Cuenta tu historia!

No tienes que ser Coca-Cola ni Apple ni Airbnb. ¡Tienes que ser tú mismo! Debes encontrar tu identidad, sentirte orgullo de quién eres y compartirlo. Toma estos ejemplos de storytelling como inspiración, pero cuenta tu propia historia sin imitar a nadie.

Tu historia es única y eso es lo que te hará diferente al momento de contarla y vender!

Ejercicio práctico

Me gustaría que te plantearas un reto. ¿Qué te gustaría hacer en tu blog, web o redes sociales y nunca te has atrevido? Quizás por vergüenza, por inseguridad o por cualquier otro motivo. Escríbelo y anota también las razones que te impiden hacerlo. Cuando termines, respira y pregúntate: ¿y si lo hago?
Si todavía es demasiado pronto, siempre puedes hacerlo y dejarlo en borradores.

Aprende a usar el Storytelling para tu negocio

Entiendo cómo te sientes cuando no consigues captar la atención de tus clientes, lo intentas pero no sientes que realmente estés conectando con ellos, en el próximo capitulo te daremos 5 pasos para que comiences a diseñar tu propia estrategia.

Capítulo 9 - Como diseñar tu estrategia de Storytelling en 5 pasos

Te gustaría utilizar el storytelling en tu negocio o en la venta de tu producto, pero no sabes por dónde empezar?
Aquí encontrarás una guía fácil y sencilla, te explico los 5 pasos que debes dar para construir tú propio storytelling.

Como hemos visto el storytelling aplicado al negocio, es el relato que construimos alrededor de nuestra marca, producto o servicio, es decir lo que contamos de manera constante sobre ella, el storytelling no consiste únicamente en contar nuestra propia historia de forma cronológica, es decir de dónde venimos y hacia dónde vamos, o de transmitir historias inspiradoras de nuestros clientes o de personajes ficticios que consumen nuestros productos, el storytelling lo impregna absolutamente todo. El storytelling es nuestra imagen de marca, cómo nos mostramos al mundo, cómo es nuestra comunicación, nuestros valores de empresa, en esencia nuestro storytelling es quienes somos, Y para crearlo tendremos que dar 5 pasos fundamentales:

Como con todas las estrategias de marketing, el primer paso que tendrás que dar es definir cuál es tu objetivo. Que quieres conseguir de manera específica para así luego definir cómo te ayudará el storytelling a lograrlo.

En segundo lugar: definir a tu audiencia, a quién te quieres dirigir, pero no solamente se trata de definir su edad, su género, su nivel socioeconómico o cultural, tienes que ir más allá, saber cuáles son sus motivaciones, sus intereses sus necesidades y miedos, sólo así podrás construir un relato con el que de verdad tu cliente se sienta identificado.

Definir cuál será nuestra línea narrativa, es decir cómo va a ser ese relato que queremos presentar al mundo, cuáles van a ser nuestros valores y mensajes clave, cómo queremos posicionarnos en el sector y cómo queremos que nos perciba nuestra audiencia vamos a verlo claramente con un ejemplo, supongamos que tenemos una marca de belleza y vendemos cremas faciales, nuestra línea narrativa podría estar orientada hacia la defensa del medio ambiente y de los animales, o por el contrario podríamos estar posicionándonos como una empresa líder que realiza sus propias investigaciones y que ha desarrollado compuestos activos únicos en el mercado.
La línea narrativa qué decidimos seguir es nuestro valor diferencial, es lo que nuestro público objetivo va a apreciar, lo que va a ver que es especial diferente y lo que al final va a conseguir que conecten con nosotros.

El cuarto paso que debemos dar es desarrollar el concepto creativo, lo que vamos a hacer es elegir un tema principal en torno al cual van a girar todas las comunicaciones y campañas publicitarias de nuestra marca, producto, servicio durante un tiempo concretó, durante un periodo con un principio y un fin, este tema principal tiene que estar relacionado con nuestros valores y mensajes clave.

El quinto paso es seleccionar nuestros canales de distribución. Como explicaba al principio el storytelling realmente lo impregna todo por eso es mejor empezar siempre por nuestra estrategia de storytelling y a partir de allí ir desarrollando nuestra estrategia de contenido para el blog, para redes sociales, para publicidad etc. En este quinto paso lo que vamos a hacer es elegir cuáles van a ser los canales principales a través de los cuales vamos a comunicar nuestra marca, es decir tendremos newsletter? haremos comunicaciones en redes sociales? cómo vamos a transmitir ese concepto creativo? Este será el tema principal que seleccionamos? cómo vamos a compartir nuestros valores y mensajes claves?

Empieza siempre por tu estrategia storytelling y luego deja que impregne todas las demás áreas, él storytelling nos permite conectar mucho mejor con nuestra audiencia, crear una marca que sea única, que sea especial y que permanezca en el recuerdo, eso conlleva esfuerzo, muchas horas de reflexión y trabajo previo.
Si tú emprendimiento no es ningún pasatiempo y tienes una perspectiva a largo plazo y quieres crear una marca, producto, o servicio que perdure a lo largo de los años, el storytelling merece la pena!

Capítulo 10 - Storytelling para tus ventas

Si quieres mantenerte en el recuerdo de tus consumidores y potenciales clientes debes transformarte en una persona más persuasiva, tienes que saber contar buenas y potentes historias.

En los últimos años se ha demostrado científicamente algo que de forma empírica ya sabíamos, las historias son un elemento muy potente para transmitir información, los mensajes de venta que incluyan historias bien elaboradas aumentan en un 35% su capacidad de persuasión y un 21% más su capacidad de ser recordados, y es que las historias nos conectan emocionalmente con quienes nos escuchan porque llegan a visualizar e incluso a visualizar en sus mentes lo que les contamos.

Las buenas historias permiten que el subconsciente del público entienda de verdad y vean por sí mismos el valor de lo que les cuentas Ahora bien, como estructura una historia debe ser contada adecuadamente para que esta tenga un gran impacto sobre quienes escuchan.

Recordemos que para que una buena historia tenga impacto y venda, también tiene que contar con los 4 elementos fundamentales:

Un personaje con una aspiración o que quiere conseguir algo, qué tiene que sortear obstáculos para poder conseguirlo, y finalmente qué pasa por un proceso de cambio o transformación en su búsqueda por conseguirlo.

Un ejemplo sencillo y claro sería la historia de "Caperucita" Caperucita es el personaje, la aspiración es llegar a la casa de su abuela, un obstáculo el lobo feroz que la desvía para llegar el primero a la casa del abuela, y el cambio: tras llegar el lobo y comerse a la abuela, y ser Caperucita salvada del lobo por el cazador, Caperucita aprende a ser más cuidadosa y a no confiar ciegamente en los extraños.

La idea no es que tú estés narrando cuentos populares en tus presentaciones comerciales o vídeos, ni en tus reuniones de ventas, pero si hay una utilidad importante en los relatos de historias y este es un buen ejemplo para ver todas las partes que tiene una historia, contar una buena historia reforzará tu mensaje y tú autoridad y conseguirás que tu público visualice porque es buena idea trabajar contigo y esto es el caso de éxito.

Imagínate que tú ofreces consultoría de negocios, estás presentando tus servicios a un cliente potencial, en lugar de simplemente decir que eres bueno en lo que haces puedes introducir dentro de tu mensaje de venta lo siguiente:

En diciembre del año pasado, me llamo el dueño de una Pyme de tú mismo sector, desesperado por qué las cosas le estaban yendo tan mal que no tenía para pagar las nóminas de los empleados, pero tenía claro que debía resolver la situación o debería declararse en quiebra, con una semana dentro de su operativa y un análisis completo de sus procesos, entendimos que había tres cambios estratégicos que había que hacer inmediatamente: en los cobros y en la distribución, y en la negociación con proveedores, como no había fondo de caja, había que despedir temporalmente a los empleados, tranquilizándolos con la promesa de volverlos a contratar en los próximos tres meses una vez se regularizara la situación.

Seis meses después, esta empresa ya era rentable nuevamente, la plantilla era superior a los niveles previos a la crisis y lo más importante de todo, se dieron cuenta de la importancia de trabajar con una estrategia efectiva.

¿Reconoces los 4 elementos en la historia que acabo de contarte?

Personaje, lo que quiere conseguir, el obstáculo y la transformación.

Lo importante es que cuando vayas a contarle una historia a tus clientes tengas en claro estos tres puntos:

1-Relevancia: la aspiración, el obstáculo y la transformación de la historia deben tener relación con los de la persona que te escucha, tienen que ser significativos y encajar con sus necesidades.

Para contar una historia relevante pregúntate lo siguiente:

Que quiere mi cliente?
Que se lo está impidiendo?
A que otro cliente he ayudado a conseguir algo parecido?

2- Concreción: ve al grano, intenta contar la historia sin pasarte de un minuto o como mucho dos.

3-Entusiasmo: revive la historia, metete en ella y cuéntala con ganas para que la otra persona la experimente de manera intensa. Si usas un lenguaje descriptivo y dialogas como uno de los personajes mejor aún, no existen decisiones puramente racionales, es por ello que con cada mensaje de ventas, cada presentación o cada video que publiques tienes que conectar emocionalmente con tu público para que tus ideas y tus ventas lleguen lejos.

En resumen

Cuenta buenas historias y lo conseguirás, recuerda que quien comunica mejor es quien gana, pero con tener una buena idea no alcanza, también hay que saber venderla!

Conclusión

Contar historias es parte del ser humano, hemos contado historias para transmitir el conocimiento de una persona a otra y las historias son también un arma muy poderosa cuando se utilizan para las ventas, por eso ahora se habla tanto de storytelling y cómo utilizarlo en el mundo del marketing y las ventas.

Estoy segura de que tú mismo has recurrido a las historias si tienes hijos, quizás les has leído cuentos antes de dormir, también es habitual contar historias para expresar algo que es difícil de comunicar de otra forma, cuando quieres ser ameno o cuando quieres buscar una conexión profunda con tu público.

El storytelling lo puedes encontrar en casi todas partes: en la literatura, el teatro la televisión, la publicidad, el marketing y las ventas, es un recurso muy utilizado por qué tiene una gran carga emocional, son capaces de hacer sentir cosas al lector y genera mayor impacto que otro tipo de textos y preparan a la persona para recibir un determinado mensaje, por ejemplo un caso típico es la historia de una marca, durante mucho tiempo muchas marcas han mantenido una comunicación fría y a veces un poco aburrida, hablan de sí misma de una forma muy impersonal y lejana, pero las marcas tienen unos inicios, una evolución, momentos claves, y unos valores. ¿Por qué no aprovechar esa oportunidad para explicar la esencia de la marca a través de una historia con el uso del storytelling?

La publicidad es otro de los terrenos donde vas a encontrar más storytelling y hoy en día hay anuncios que parecen casi pequeñas producciones de cine, estos son sólo algunos de los casos que hemos visto en este libro, hay muchas formas de aplicar el storytelling en la empresa, en tu proyecto de emprendedor, en tu producto o servicio, espero que con este libro tengas más claro que es un storytelling y cómo utilizarlo para las ventas, si quieres saber más sobre este tema y otros relacionados, puedes seguirnos en nuestras redes sociales o en nuestra página web.

Hasta la próxima!

Tu opinión es importante.

Estaremos encantados de recibir tus comentarios en:

salestalentcontacto@gmail.com
www.salestalentacademyweb.com

O puedes visitarnos en las redes sociales

Otros títulos de la misma autora:

Retail Coaching para tiendas de Éxito!
Descubre los factores claves para lograr el cambio en las ventas. - Amazon

Entrena tu mente para Vender
Con el Coaching Motivacional el éxito nunca fue tan fácil! -Amazon

Aprende a vender por Internet. Como vender por WhatsApp, Facebook, Instagram, Pinterest y Chat Marketing – Amazon
Coaching para Emprendedores

www.ingramcontent.com/pod-product-compliance
Lightning Source LLC
Chambersburg PA
CBHW050255220526
45465CB00002B/688